A Wolf on Watch

A Wolf on Watch

Poems by Abbas Kiarostami

A translation by
Iman Tavassoly and Paul Cronin

Sticking Place Books
New York

Shiva Sheybany
Sohrab Mahdavi
Stacey Knecht
and
Michael Beard
are thanked by the translators

© Sticking Place Books 2015

www.stickingplacebooks.com
www.lessonswithkiarostami.com
www.filmmakertrilogy.com

Design by Ryan Bojanovic

All rights reserved.
No part of this book may be reproduced, stored in or introduced into a retrieval system, or transmitted, in any form or by any means (electronic, mechanical, photocopying, recording or otherwise) without the written permission of the publishers, except in the case of brief quotations in critical articles or reviews.

ISBN 978-0-9905308-8-6

From the injustice of our time,
take refuge in poetry.

From the harshness of the beloved,
take refuge in poetry.

From glaring cruelty,
take refuge in poetry.

از ستم روزگار
پناه بر شعر

از جور یار
پناه بر شعر

از ظلم آشکار
پناه بر شعر.

Red line on white of snow.
Injured prey,
limping.

خطِ سرخی بر سپیدی برف
شکاری زخمی
لنگ لنگان.

Daybreak.
White foal
born
to black mare.

کرّه اسبی سفید
زاده شد
از مادّه اسبی سیاه
در آغاز سپیده دم.

Wind will carry
cherry blossoms
into the whiteness of clouds.

باد با خود خواهد برد
شکوفه های گیلاس را
تا سپیدی ابرها.

Behind every tall wave,
three small waves.
Behind every three small waves,
one tall wave.

در پس هر موج بلند
سه موج کوتاه،
در پس هر سه موج کوتاه
یک موج بلند.

I escorted the moon
into the heart of a dark cloud.
I drank wine
and slept.

بدرقه کردم
ماه را
تا دل ابری تیره،
شراب خوردم و خفتم.

The moon turns pale
at dawn.
The star disappears
with the crowing of the rooster.

رنگ می بازد ماه
در سپیده دم،
ستاره ناپدید می شود
از بانگ خروس.

The aroma of the flower radiated
as darkness began to fall.

هوا که تاریک شد
بوی شب بو پیچید.

A bird,
unknown
even to other birds,
sings in the night.

پرنده ای
می خواند نیمه های شب،
نا آشنا
حتّی برای پرندگان.

A scarecrow with no coat.
Cold winter night.

مترسکی بی بالاپوش
در شب سرد زمستان.

Night.
Sea.
Winter.

شب
دریا
زمستان.

First autumn moonlight
shining on the window
shook the glass.

تابش اوّلین مهتاب پاییزی
بر روی پنجره
شیشه‌ها را لرزاند.

I think about flowers.
Cold wind blows.
I stand up and close the window.

به گل ها که فکر می کنم
باد سرد می وزد،
بر می خیزم پنجره را می بندم.

With autumn wind's first assault
a legion of leaves
took refuge in my room.

در اوّلین هجوم باد پاییزی
فوجی از برگ‌ها
به اتاقم پناه گرفتند.

I dream
I am buried
under autumn leaves.
My body sprouts.

خواب می بینم،
زیر برگ های پاییزی
مدفونم
جوانه می زند تنم.

I lit
a cigar.
First day of autumn.

سیگار برگی
گیراندم
اولین روز پاییزی.

Two autumn leaves
have hidden themselves
in my shirtsleeves
on the clothesline.

دو برگ پاییزی
مخفی کرده اند خود را
در آستین پیراهنم
بر بند درخت.

With first autumn wind
a small leaf, unknown to me,
drifted into my room.

با اوّلین باد پاییزی
برگ کوچکی به اتاقم آمد
که نمی شناختم.

A whirl of dust
accompanies
a leaf
into Seventh Heaven.

تنوره ای از خاک
همراهی می کند
یک برگ سپیدار را
تا آسمان هفتم.

Rainy day.
An umbrella,
destroyed by wind,
on the pavement.

چتری
در هم شکسته از باد
بر سنگفرش خیابان
روز بارانی.

I grasp my hat with two hands.
Early autumn.
Will the wind carry us?

کلاهم را دو دستی می چسبم
اول پاییز،
باد ما را با خود خواهد برد؟

Barefoot,
walking on hot sand
under the gaze of passersby.
I burn from head to toe.

پا برهنه راه می روم
بر شن های داغ،
از نگاه عابرین
می سوزم سراپا.

A flowing stream
in a grassless desert
seeking
someone thirsty.

جویباری روان
در بیابانی بی علف
در جستجوی
تشنه.

I took
three sparrow eggs
from a high mountain.
How hard
is the path back down.

سه تخم گنجشک
برداشتم
از قلّهٔ قاف،
چه دشوار است
راه بازگشت.

I have sat
on a scale.
Weightless.
Such turmoil
all around.

بر کفهٔ ترازویی
نشسته ام
بی وزن،
چه هیاهویی است
در اطراف.

My shadow accompanies me,
sometimes in front,
sometimes beside,
sometimes behind.
How wonderful
are cloudy days.

سایه ام همراهی ام می کند
گاهی از پیش
گاهی از کنار
گاهی از پس
چه خوب است
روزهای ابری.

I come from the funeral.
Shoes pinch my feet.
I want to make love
to someone I do not know.

از مراسم تدفین باز می گردم
کفش به پایم تنگی می کند
میل عشقبازی دارم
با کسی که نمی شناسم.

Today,
like yesterday,
a missed opportunity.
Cursing life
is all that remains.

فرصت امروز
از دست رفت
چون دیروز،
آنچه مانده است
نقد بر ایّام.

In the desert of my loneliness
have grown
thousands of solitary trees.

در برهوت تنهایی ام
روییده است
هزاران تک درخت.

Bitter taste of patience
on my tongue.
What sweetness
will remove it?

بر زبانم
طعم تلخ صبر،
کدام شیرین
آن را خواهد زدود؟

In your absence
I am with myself.
We converse
and reach agreement on everything
so very easily.

در غیاب تو
با خویشتنم
گفتگو می کنیم و به توافق می رسیم
بر سر هر چیز
به سادگی.

In your absence
sunshine is sunshine,
day, day
night, night.
Your presence is a moonlight mix.

در غیبت تو
آفتاب، آفتاب است
روز، روز
شب، شب
حضورت ملقمه ای است مهتابی.

In your absence
I have a conversation
with you,
and in your presence
with myself.

در غیاب تو
گفتگو دارم
با تو
در حضورت
گفتگو با خویش.

From my loneliness
I seek a bigger share
of you.

از تنهایی‌ام
سهم بیشتری می‌خواهم
از تو.

In your absence,
day and night
is exactly twenty-four hours.
In your presence,
sometimes less
sometimes more.

در غیبت تو
شبانه روز
بیست و چهار ساعت است تمام،
در حضورت
گاهی کم
گاهی بیش.

With you
I am in pain.
Alone with myself
I feel anxious.
How to be nobody?

از بودن با تو
در رنجم،
از بودن با خود
در هراس،
کجاست بیخودی؟

Via express mail
I received a letter
filled with hate.

با پست پیشتاز
نامه ای دریافت کردم
پر از نفرت.

The intensity of love
makes me ill.

از شدّت عشق
بیزارم.

Hesitating,
I stand at the crossing.
The only path I know
is that of return.

مردد
ایستاده ام بر سر دوراهی،
تنها راهی که می شناسم
راه بازگشت است.

I lost something
I had found.
I found something lost.

گم کردم
چیزی که یافته بودم،
چیزی یافتم گم شده.

On each corner,
quietly,
quickly,
some passersby,
from one side to the other.

در هر گذر
چندین رهگذر
به آرامی
با شتاب
از سویی به سویی.

A broken bridge.
A traveller with unshakeable steps
en route.

پلی شکسته
عابری با گام‌های استوار
در راه.

I walk a dirt road
with difficulty
and no destination.

کوره راهی می پیمایم
به سختی
بی مقصد.

The hand of destiny
delivered to me some water
which didn't taste at all good.

از دست غیب
آبی نوشیدم
نه چندان گوارا.

Moonlight
on a dirt road
I do not want to travel.

نور ماه
تابیده بر کوره راهی
که قصد عبور ندارم.

Lantern light.
Long shadow of water bearer
on branches full of cherry blossoms.

نور فانوس دستی
سایه های بلند او یار
بر شاخه های پر از شکوفه گیلاس.

Rice farmers
muttering about the beloved's fidelity.
Or is it backache?

نجوای شالیکاران
در بی‌وفایی یار
یا درد کمر؟

After tasting a dusty cucumber from my neighbour's garden
I can imagine
what the fruits of Heaven are like.

حدس می زنم
طعم میوه های بهشتی را
از خیار گرد آلود جالیز همسایه.

My shirt
is a flag of freedom
on the clothesline,
light and liberated
from the bondage of the body.

پرچم آزادی است
پیراهن من
بر بند رخت،
سبک و رها
از اسارت تن.

The one I praise
I do not love.
The one I love
I do not praise.

آن را که می ستایم
دوست نمی دارم،
آن را که دوست می دارم
نمی ستایم.

A pity
I was not a good host
to the first snowflake
that rested upon my eyelid.

چه حیف،
میزبان خوبی نبودم
برای اوّلین دانه برفی
که بر پلکم نشست.

On rainy days
it does not rain
enough.

در روزهای بارانی
باران نمی بارد
به قدر کافی.

Where water
is wasted
it waters
weeds.

آنجا که هرز می‌رود
آب
آبیاری می کند
علف های هرز را.

The quince tree
has blossomed
in an abandoned house.

درختِ به
شکوفه کرده است
در خانه ای متروک.

White chrysanthemums
watch
the full moon.

داوودی‌های سپید
به تماشا ایستاده اند
قرص ماه را.

An injured horse
without an owner.

اسبی مجروح
بی صاحب.

White foal,
red to its knees,
skipping
in the poppy field.

کرّه اسبی سفید
سرخ تا زانو
از گشت و گذاری
در دشت شقایق.

Little by little
the old elm
disappears
into darkness of night.

آرام آرام
ناپدید می شود
نارون پیر
در سیاهی شب.

White morning.
Black night.
Grey sadness
between.

صبح سپید است
شام سیاه،
اندوهی خاکستری
در میان.

Sunrise
on the white foal's carcass
in the golden eye of the old eagle.

طلوع خورشید
در چشم طلایی عقابی پیر
بر لاشه کرّه اسبی سفید.

Half-asleep and drowsy,
thinking of the meeting
next Monday morning.

در رخوت بین خواب و بیداری
به یاد می آورم
قرار ملاقات صبح شنبه را.

A river, flowing.
A tree, fenced in.

جویباری روان
درختی در حصار.

How high,
how magnificent
soars the hawk
searching for a small carcass.

چه بلند
چه با شکوه
پرواز می کند، باز
در جستجوی لاشه ای خرد.

How easy was the path
once I crossed over into madness.

از مرز جنون که گذشتم
چه هموار می نمود راه.

Aimlessly,
quietly,
an angry ox
crossed
a roaring river.

گاوی خشمگین
گذر کرد
از رودی خروشان
بی هدف
به آرامی.

Sun
removed the carpet of dew
a moment after sunrise.

خورشید
برچید بساط شبنم ها را
لحظه ای پس از طلوع.

Indigo mountain
and white poplar
prevent sleep
at early dawn.

کوهی کبود
سپیداری سپید
خواب از سر می پراند
در آغاز سپیده دم.

Where
is the piece of cloud
that can weaken
the cruelty of sunshine?

کجاست
تکه ابری که
بکاهد اندکی
از شقاوت آفتاب؟

No one recognises
the glowworm
in the light of day.

در روشنایی روز
کسی به جا نمی آورد
کرم شب تاب را.

How hard it is
in the middle of summer
to believe in snow.

چه دشوار است
در گرما گرم تابستان
باور برف.

A wolf
on watch.

گرگی
در کمین.

One hundred dry springs.
One hundred thirsty sheep.
An old shepherd.

صد چشمه خشکیده
صد گوسپند تشنه
چوپانی سالخورده.

Only three drops of blood,
the work of three hundred mosquitoes
busying themselves one hot summer night.

تنها سه قطره خون
حاصل شب کاری سیصد پشه
در یک شب گرم تابستان.

How hard it is
to contemplate the full moon
all alone.

چه دشوار است
تماشای قرص ماه
به تنهایی.

The owl hooted ceaselessly
from the middle of night
until daybreak.
The rooster never crowed.

از نیمه های شب
تا سپیده صبح
یکسره نالید جغد
بانگ خروس بر نیامد.

A harmless mosquito
spends the night with me
until morning
inside the mosquito net of my room.

یک پشه
با من شب را به صبح می رساند
بی آزار
در پشه بند اتاق من.

Of one thousand worms
only one shines light
into the heart of night.

از هزاران کرم
تنها یکی نور می افشاند
در دل شب.

Thousands of bats muttering
on the longest night of the year.

نجوای هزاران خفاش
در شب یلدا.

Flight
is the reward for a caterpillar
who weaves around itself
a wall of silk.

پرواز
پاداش کرمی است
که به دور خود کشید
حصاری از ابریشم.

Who decided that
the green leaf of the mulberry
should be food for the silkworm?

چه کسی تعیین کرد
برگ سبز توت را
برای قوت کرم ابریشم؟

The wounds of thousands of needles
on a silk cloth.

زخم هزاران سوزن
بر پارچه ای ابریشمین.

A lock covered in rust
guards
a rotten door
of a roofless building.

قفلی پوشیده از زنگ
حراست می کند
دری پوسیده را
بر حصاری بی سقف.

I envy
no one
when contemplating
wind
through the poplars.

به حال هیچ کس
غبطه نمی خورم
وقتی باد را
در سپیدار
به تماشا ایستاده ام.

Three knife wounds
on trunks of three poplars.
Souvenirs of three foreign soldiers.

سه زخم چاقو
بر تن سپیدار،
یادگار سه سرباز غریب.

Image of a cypress broken by wind
on blue waves.

تصویر سروی شکسته از باد
در آبی امواج.

The tornado
rolled
the shepherd's whistling kettle
across the hilltop.

گردباد
درهم پیچید
کتری جوشان چوپان را
بر فراز تپه.

Wild rue on the fire.
Air filled with smoke.
Mysterious anxiety
in a clay hut.

اسفند بر آتش
هوا آغشته به دود
دلهره ای مرموز
در کلبه ای گلین.

Spring rain
extinguished the fire
that the old shepherd had lit
with difficulty.

باران بهاری
خاموش کرد آتشی را
که بر افروخته بود به زحمت
چوپان پیر.

Smell of walnut.
Fragrance of jasmine.
Smell of rain on dust.

بوی گردو
عطر یاس
بوی باران بر خاک.

A girl awake,
head on hard pillow.
An imitation bracelet
amid hay bales.

دختری بیدار
سر بر بالشی سخت،
النگویی بدلی
در میان علوفه ها.

A young girl
passes through the lettuce field.
Smell of fresh walnuts
in the air.

دخترکی نورس
می گذرد در میان کرت کاهو،
بوی گردوی تازه
به مشام می رسد.

The ant
scales the tree trunk
with difficulty.
Where is it going?

به سختی بالا می رود
مورچه
از تنه درختی کهن سال،
به چه مقصد؟

A piece of wood
on the waves.
From which boat?
From which river?
Where is it going?

تخته پاره ای
بر امواج،
از کدام زورق
از کدام رود
به کدام مقصد؟

Desert.
Hundreds of big and small fish
dive into
the hot mirage.

صدها
ماهی کوچک و بزرگ
غوطه می خورند
در سراب گرم بیابان.

Spring storms
swiftly extinguish
every candle
in the shrine.

تند باد بهاری
خاموش می کند
به یکباره
تمامی شمع های امام زاده را.

Green
turns to yellow,
air
to cold,
my thoughts
to death.

رنگ سبز
به زردی گرایید
هوا
به سردی
من
به مرگ اندیشیدم.

One person seen
in group prayer,
out of step
with everyone else.

در نماز جماعت
نماز کسی دیده شد
که با جمع
همراه نبود.

How easy things are
when we win,
how difficult
when we lose.

چه ساده
به دست می آوریم،
از دست می دهیم
چه دشوار.

The union
eventually decides
not to recognise
the spider's efforts.

سندیکای کارگری
سرانجام
به رسمیت نشناخت
کار عنکبوت را.

The last marathon runner
glances behind.

آخرین دونده دو ماراتون
به پشت سر خویش می نگرد.

A fly
guilty of eating too many sweets
was killed.

یک مگس
به قتل رسید
به جرم خوردن حلوا.

A small pebble
flew down the mountainside
and ended up
directly atop the anthill.

یک سنگریزه
فروغلتید از دامنه کوه
و قرار گرفت
درست روی لانه مورچه.

Monday morning.
Wind carries
the schoolgirl's scarf
from the clothesline.

باد می رباید
روسری دختر دبستانی را
از بند رخت
صبح شنبه.

A small fly
is nauseous
from the smell of pesticide.
Can anyone help?

یک مگس کوچک
حال تهوّع دارد
از بوی امشی،
کسی هست برای کمک؟

On a foggy day
a drowsy child
goes to school
in the village of Pilevar.

در روزی مه آلود
کودکی خواب آلود
به مدرسه می رود
در روستای پیله ور.

I have been scared
of the wind's caress
ever since my ordeal
in the storm.

از ملایمت باد
می ترسم
وقتی طوفان را
تجربه کرده ام به سختی.

For three days
it rains
ceaselessly.
My belief in the sun
is gone.

باران
می بارد سه روز
بی وقفه،
آفتاب
در باورم نمی گنجد.

Foggy day.
Difficult
to see the billboard
advertising sunscreen.

به سختی
قابل رؤیت است
آگهی کرم ضد آفتاب
روزی مه آلود.

The compass
makes several complete rotations.
Only
a half-circle on the page.

چند دور کامل
چرخید پرگار،
تنها
نیم دایره بر کاغذ.

Smell of smoke.
Smell of wild rue.
Crying baby.
Clay house.

بوی دود
بوی اسفند
گریه نوزاد
خانه ای گلین.

How
do I sleep comfortably
when time stops
not even for a second?

چگونه
آسوده بخوابم
که زمان نمی ایستد
لحظه ای در خواب؟!

Toiling night and day.
Enough food
for only half a day.

از تلاش شبانه روزی
روزی
به قدر نیم روز.

Yellow violets,
violet violets,
both white,
under spring snow.

بنفشه های زرد
بنفشه های بنفش
هر دو سفید
زیر برف بهاری.

Snowy morning.
I go outside
without a coat,
with the enthusiasm of a child.

صبح برفی
بیرون می زنم
بی بالاپوش
با شوقی کودکانه.

The dandelion
carried a message
for the one hundred and twenty-four thousand prophets.
"Nothing."

قاصدک
پیام آورد
برای یکصد و بیست و چهار هزار پیغمبر
"هیچ".

Rain fails
during a bombardment.
Moonless night.

باران می بارد
هنگام بمباران
شبی بی ماه.

The young bride
bids
the fisherman
a tearful farewell.
Stormy night.

با گریه
بدرقه می‌کند
مرد ماهیگیر را
در شبی طوفانی،
نو عروس.

Sky splits
in broken mirror.

آسمان می شکند
در آینه شکسته.

How good
that everyone walks his own path.

چه خوب که
هر کس به راه خود می رود.

A stranger
asks directions
from a newcomer,
also a stranger.

غریبه‌ای
نشانی می‌پرسد
از تازه واردی
غریب.

I am sorry for myself.
I am sorry for you.
And for those I do not know.

برای خودم متأسّفم
برای تو متأسّفم
و برای کسی که نمی شناسم.

The result of my deviation
is dirt roads
for those who follow.

حاصل کج‌روی هایم
کوره راه هایی است
برای رهروان.

Common feeling.
Mistress and servant.
Census day.

احساس مشترک
خانم و خدمتکاری
روز سرشماری.

Cut.
Thrown away.
A malodourous
flower.

چیده شد
رها شد بر زمین
گلی
نه چندان خوشبو.

The weary villager
has fallen asleep
in the shadow of a scarecrow.

روستایی خسته
به خواب رفته است
زیر سایه مترسک.

Bitter orange blossoms
in flowing river
after the rain.

شکوفه های بهار نارنج
روی نهر آب
بعد از باران.

At home in my refrigerator
is never anything to drink
except in winter
ice-cold water.

در یخچال خانه من
هیچ چیز برای خوردن نیست
جز آب یخ
آن هم در زمستان.

Sweat dripping
from the scarecrow's forehead
awakens the weary villager.

روستایی خسته
بیدار می شود
از عرق جبین مترسک.

I left my umbrella somewhere.
A long trip ahead.
Many grey clouds.

چترم را جا گذاشته ام
راهی طولانی
انبوه ابرهای خاکستری.

Sunrise.
Five-fifteen and
thirty seconds.

هنگام طلوع آفتاب
پنج و پانزده دقیقه و
سی ثانیه.

New Year's Day.
Sunrise
exactly like
the last day of last year.

اولین روز سال نو
خورشید طلوع کرد
بسان
آخرین روز سال.

A boat
with no sail.
A sea
with no wind.
A sky
with no moon.

قایقی
بی بادبان،
دریایی
بی باد،
آسمانی
بی ماه.

How accustomed we are
to not seeing that one pigeon
among the group
of flying crows.

چه راحت پذیرفته ایم
که نبینیم حتّی
یکی کبوتر را
در پرواز جمعی کلاغان.

In the eyes of birds
west
is where the sun sets
and east
is where the sun rises.
Nothing more.

در چشم پرنده ها
غرب
مغرب است و
شرق
مشرق،
همین.

At the foot of a majestic mountain
"God is Great"
is written
in small stones.

بر دامنه کوهی عظیم
با سنگ خرد
نوشته اند:
"الله اکبر"

Believe it or not
even a mirage
would quench my thirst.

سیراب می شوم
از سراب،
شما باور نکنید.

My fingertip,
covered in ink,
is pressed onto paper.
I feel less humiliated
after seeing all those patterns
on my fingertip.

سر انگشتم را
آلوده به جوهر
می فشارند بر کاغذ،
از حقارتم کاسته می شود
از این همه نقش
که بر سرانگشت دارم.

It is written:
"Please do not touch."
My fingertip is tempted.

نوشته اند
"لطفاً دست نزنید"،
سرانگشتم گزگز می کند.

I look at Venus
and the Milky Way.
Glory
to the eye
that sees
all this.

به زهره می نگرم
به راه شیری،
ستایش می کنم
چشمی را که می تواند
ببیند
این همه.

I point my finger
at the mountain.
Glory to the finger
I am looking at.

انگشت نشانه را
به سمت کوه می گیرم
و با ستایش
به عظمت انگشتم می نگرم.

With my hands
I make a cup.
I drink water
from a small waterfall.
Such glory
in my hands.

دستانم را
کاسه می کنم،
آب می نوشم
از آبشاری کوچک
چه عظمتی است
در دستان من.

With eyes open
I plunge my face
into spring water.
Ten small pebbles.

صورتم را در آب چشمه
فرو می برم
با چشمانی باز
ده ریگ کوچک.

Sky
is mine.
Earth
is mine.
How rich am I.

آسمان
مال من است،
زمین
مال من،
من چه ثروتمندم.

I listen
to the whisper of wind,
the roar of thunder,
the music of waves.

گوش می سپارم
به زمزمه باد
به غرش رعد
به موسیقی امواج.

When I returned to my birthplace
my father's house
and mother's voice
were gone.

به زادگاهم که باز گشتم
خانه پدری ام
گم بود
و صدای مادرم.

A heavily pregnant woman
accompanies
five children of different ages
from Lower Koker
to Upper Koker
where they will be educated.

زنی پا به ماه
روانه می کند
پنج بچه قد و نیم قد را
برای تحصیل علم
از کوکر سفلی
به کوکر اولیاء.

When I returned to my birthplace
the river had become a creek
and no children
were swimming in it.

به زادگاهم که بازگشتم
رودخانه نهری بود
و هیچ کودکی
در آن آب تنی نمی کرد.

When I return to my birthplace
my childhood playground
is covered in
scrap metal and quicklime.

به زادگاهم که باز می گردم
زمین بازی کودکی ام
تحت اشغال است
با آهن و آهک.

A pity that
when I return to my birthplace
no one says hello to me.

به زادگاهم که باز می گردم
کسی سلامم نمی گوید،
افسوس.

In my birthplace
my childhood barber
didn't recognise me
and carelessly
shaved my head.

در زادگاهم
سلمانی کودکی‌ام
مرا نشناخت
و سرم را تراشید
سرسری.

In my birthplace
everyone was now impatient.
The queue
twisted and turned
as it moved forward.

در زادگاهم
صبر از دل مردم رفته بود
و صف
تاب بر می داشت
به هنگام حرکت.

I greeted her in vain.
Her response made clear
she did not
recognise me.

بیهوده سلامش گفتم،
در پاسخش
نشانی نبود
از آشنایی.

When I returned to my birthplace,
the quince tree
bore no fruit
and white mulberries
were being bought and sold.

به زادگاهم که بازگشتم
درختِ بِه
میوه نمی داد
و توت سفید
خرید و فروش می شد.

The young baker
of my birthplace
is old now and bakes unleavened bread
for customers he does not know.

نانوای جوان زادگاه من
پیر است اکنون
و نان فطیر می پزد
برای مشتریانی که نمی شناسد.

The big sycamore in my birthplace
seemed small to me.
Officer Heidari
didn't seem particularly frightening.

چنار تناور زادگاهم
کوچک می نمود
و سرپاسبان حیدری
نه چندان ترسناک.

The man who sold alcohol in my birthplace
had an old junk shop
full
of empty wine bottles.

عرق فروش زادگاهم
سمساری داشت،
دکانش پر بود
از بطری های خالی مشروب.

When I returned to my birthplace,
schoolchildren
were working and trading.
Teachers
were impoverished customers.

به زادگاهم که بازگشتم
دبستانی ها
کسب و کار می کردند
و معلم ها
مشتریانی تهی دست.

Representatives
of the wood industry
meet in a wooded park.

گردهم آیی
صاحبان صنایع چوب
در پارک جنگلی.

When I return to my birthplace
mulberry trees
are being cut down
by acquaintances.

به زادگاهم که باز می گردم،
درختان توت را
بریده اند
آشنایان.

Noon on a summer's day.
The smell of fresh-baked bread
wafts over from fields of wheat.

بوی نان تازه به مشام می رسد
از مزارع گندم
ظهر تابستان.

A millipede
follows her companion
through olive trees.

یک هزارپا
به دنبال جفت خود می رود
زیر درختان زیتون.

The saddle
fell from the horse
and the rider from the saddle.

زین از اسب
فرو افتاد،
سوار از زین.

I measure
the depth of the lagoon
by the croaking of frogs.

از صدای وزغ‌ها
اندازه می‌گیرم
عمق مرداب را.

I lie down
on hard ground.
Cotton clouds.

دراز می کشم
بر زمین سخت،
ابرهای پنبه ای.

I have fallen
from the horse onto my back.
Leg pain.
Back pain.
The pain of thousands of recommendations.

از اسب
فرو افتاده ام، از پشت
درد پا
درد کمر
و درد هزاران توصیه.

Full moon
in water.
Water
in bowl.
Thirsty while sleeping.

قرص ماه
در آب،
آب
در کاسه،
تشنه در خواب.

In the silence of night
the lullaby of termites
keeps me awake.

در سکوت شب
بی خوابم می کند
لالایی موریانه.

From ash
I make an idol,
then in a fire
burn it again.

از خاکستر
بتی می سازم
و می سوزانمش باز
به آتش.

Heaven and Hell
beside each other.
How far one is from the other.

بهشت و دوزخ
در کنار هم
چه دور از هم.

Finally,
a summer afternoon
listening to the scarecrow.

بالاخره
یک بعد از ظهر تابستان
پای صحبت مترسک.

White smoke
from
clay hut
in blue sky.

دودی سپید
بر آسمانی آبی
از کلبه ای
گلین.

I saw
nothing in this village.
No smoke
rising from a clay house,
no clothes
on the clothesline.

در این روستا
هیچ ندیدم:
نه دودی برخاسته
از خانه‌ای گلین
نه تک رختی
بر بند.

Twilight.
The lamb
observes
the wolf.

برّه میش
باز می شناسد
گرگ را
در هوای گرگ و میش.

New moon.
Old wine.
Recent friend.

ماه نو
شرابی کهنه
دوستی تازه.

Several steps ahead:
cherry pit.
On my tongue:
taste of cherry.
Behind:
cherry tree.

چند قدم جلوتر
هسته گیلاس،
بر زبانم
مزه گیلاس،
پشت سر
درخت گیلاس.

Believe it or not
I have suffered
loss from profit
and have profited
from loss.

زیان دیده ام
از سود،
سود برده ام
از زیان،
شما باور نکنید.

I no longer feel
for my master.
I disconnected
from followers.
I tread
lightly.

دل
کندم از مراد،
بریدم
از مرید،
می روم
سبک.

A drunkard,
silent.
A cleric,
whining.

مستی
خاموش،
فقیهی
در فغان.

I feel free
to choose
suffering.

احساس آزادی
می‌کنم
در انتخاب رنج.

Thorn in the eye.
Thorn in the heart.
Thorn in the foot.
Spring on the way.

خاری در چشم
خاری بر دل
خاری در پا
بهاری در راه.

Spring day.
Summer day.
Autumn day.
Winter day.
Be my guest.

یک روز بهاری
یک روز تابستان
یک روز پاییزی
یک روز زمستان
میهمان من باش.

End of spring.
The red flower blooms.
Realms of maturity.

انتهای بهار
اوایل گل سرخ
عوالم بلوغ.

Half of me,
yours.
Half of me,
mine.

نصف من
مال تو،
نصف من
مال من.

I wrote
three poems.
I read
thirty pages.
I offended
a friend.
Third day of the month.

سه شعر
سرودم،
سی صفحه
خواندم،
یک دوست
رنجاندم،
سوّم آذر.

What should not be said
came from my tongue.
My feet took me
where I should not go.

بر زبانم جاری شد
آن چه نمی باید گفت،
پایم کشیده شد
جایی که نمی باید رفت.

Dozens of keys
from years ago.
I haven't the courage to throw them away.
Anyway, no lock.

ده‌ها کلید
مانده از سال‌های دور،
جرأت دور ریختنم نیست
بی آن که قفلی باشد.

Believe it or not
I got drunk
on a drop of wine.

مست شدم
از قطره ای شراب،
شما باور نکنید.

Believe it or not
I quenched my thirst
with a dewdrop.

سیراب شدم
از قطره شبنم،
شما باور نکنید.

I determine
my destiny
in the pages of my notebook
in a half-darkened room.

سرنوشت خویش را
رقم می زنم
در دفتر روزانه
در اتاقی نیمه تاریک.

I wonder
how all these scattered memories
have come together
in my mind.

در حیرتم
چگونه گرد آمده است
در ذهن من
این همه خاطرات پراکنده.

Believe it or not
I photographed a tree
and it blushed.

از درختی عکس گرفتم
سرخ شد،
شما باور نکنید.

It has been a long time
since the moon showed itself.
Endless dark clouds.

دیرگاهی است
ماه در بساطِ ما نیست،
ابرهای تیره متوالی.

Longest night of the year.
Early morning exhaustion
of the glowworm.

کرم شب تاب
شب یلدا
خستگی دم صبح.

Believe it or not
sometimes I miss
being given a good slap.

گاهی دلتنگ می شوم
برای یک پس گردنی،
شما باور نکنید.

Behind the dark cloud.
Moon,
on which side of the sky are you?

در پس ابر تیره
در کدام نقطه آسمانی
ای ماه؟

The glowworm
is impatient
during the longest day of summer.

کرم شب تاب
بی تابی می کند
در بلند ترین روز تابستان.

One side of the window
facing me.
The other
facing a passerby.

یک روی پنجره
به سمت من است،
روی دیگر
به سمت عابری که می گذرد.

The moon shines
upon the made-up face
of an elderly prostitute.

ماه می تابد
بر چهره بزک کردهٔ
روسپی سالخورده.

Will the full moon
shine behind
a dark cloud tonight?

آیا امشب هم
قرص ماه می تابد
در پس ابری تیره؟

Nuns
among violets
reminisce
about childhood.

چند راهبه
خاطره می گویند
از کودکی
در میان بنفشه ها.

My suffering
is diminished
at daybreak.
My enthusiasm
is diminished
at sunset.

از رنجم
کاسته می شود
هنگام سپیده دم،
از شوقم
کاسته می شود
وقت غروب.

Who understands
the pain of a blossom
when blooming?

چه کسی می داند
درد غنچه را
به هنگام شکفتن؟

A friend,
in the form of an enemy,
appears in a dream.
My day darkens.

به خوابم می آید
دوستی در هیأت دشمن
روزم
سیاه می شود.

I blacken
one hundred white pages
while explaining homework.

صد برگ سفید را
سیاه می کنم
در وصف مشق شب.

The snake
moves past its shed skin
with indifference.

مار
از کنار پوسته خود گذشت
بی تفاوت.

A thirsty man
sleeping beside the creek.
A beggar
sleeping on buried treasure.

تشنه ای
خفته بر لب جوی،
گدایی
خفته بر سر گنج.

A beggar
awake beside the creek.
A thirsty man
awake near buried treasure.

گدایی
بیدار بر سر جوی،
تشنه ای بیدار
بر سر گنج.

The bee
stung the wound on my foot.
The bee is all I got.
The wound is all the bee got.

زنبور
زخم پایم را گزید،
سهم من از زنبور
سهم زنبور از زخم.

A headless doll
floating in a river
flowing down from the mountain
heading slowly
out to sea.

عروسکی بی سر
شناور بر رودی
که می‌آید از کوه
و به دریا می‌رود
به آرامی.

During the toads' nighttime banquet
how well will
the snakes do?

در ضیافت شبانه وزغ ها
چه سهمی دارند
مارها؟

At the bottom of the well
a lonely man.
A lonely man
at the top of the well.
Between them a bucket.

در ته چاه
مردی تنها،
مردی تنها
بر لب چاه،
دلوی در میان.

A man hanging
from gallows
in the freshness of morning.

مردی آویخته
بر دار
در خنکای صبح.

The scarlet cloud
darkens,
mourning the sun's departure.

ابر سرخابی
کبود می شود
در سوگ خورشید.

A nostalgic song.
A foreign land.
Men at work.

آوایی غریبانه
در دیاری غریب،
کارگران مشغول کارند.

Reluctantly
I enter a house
in which
no light is burning.

ناخواسته
گام می گذارم
بر خانه ای که
نمی سوزد در آن چراغی.

What meaning
does the seashore have
for someone afraid of waves?

چه مفهومی دارد
ساحل
در کنار بیم موج؟

Among
hundreds of seashells
I search for my shell-like button.

در میان
صدها صدف ساحلی
به دنبال دکمه صدفی ام می گردم.

What day
is today?
What month?
What season?
What year?

چند شنبه است
امروز؟
از کدامین ماه؟
در کدامین فصل؟
از کدامین سال؟

My memory overflowing
with useless things.
I choose to learn
nothing new.
I recall things
with difficulty.

حافظه ام
انباشته از بسیاری بیهوده،
چیزی فرا نمی گیرم
به عمد،
به یاد می آورم
به دشواری.

The attic of my house
is filled with useless things
which I enjoy.

انبار خانه ام
پر از اشیای بی مصرفی است
که دوستشان می دارم.

I don't know
if I should
thank or complain about
the person who failed to teach me
to be indifferent to things.

نمی دانم
ممنون باشم
یا شاکی
از کسی که به من
لم دادن نیاموخت.

With a worn-out rope
I go down into the well
for stagnant water.
Complete waste of time.

با طنابی پوسیده
به چاه می روم
برای آبی گندیده
که بکوبم در هاون.

I intend to circumvent
a large hole
using a slow and steady strategy.

قصد عبور دارم
از گودالی عظیم
با سیاست گام به گام.

I will write
an endless story
of my grief.

از غصّه ام
قصّه ای خواهم ساخت
بی پایان.

I think about explaining something
that is inexplicable.
How boring
to hear about things
you already know.

به بیان موضوعی می اندیشم
که قابل بیان نیست،
چه کسالت بار است
شنیدن آنچه را که
می دانی.

I sell something
that cannot be bought.
I buy something
that cannot be sold.

چیزی می فروشم
غیر قابل خرید،
خریدار چیزی هستم
غیر قابل فروش.

Bags are packed.
I don't feel like going,
but there is no carpet here
to stretch out upon.

اسباب سفر
فراهم است،
میلم به لمیدن است
فرشی نیست.

How ridiculous is he
who knows yet asks.

چه بلاهتی است
کسی که می داند و می پرسد.

The bitterness of day
features nowhere
in my nightly dreams.

از تلخی روز
هیچ نشانی نیست
در رویاهای شبانه ام.

The means of assuming greatness are here.
Leaning against the clay wall.

اسباب بزرگی فراهم است
تکیه بر دیواری گلین.

The game that runs
from Monday to Sunday,
on which day of the week will it end?

کدامین روز هفته
به پایان می رسد
بازی شنبه تا جمعه؟

Counting down
to the day of my death
began
at the moment of my birth.

شمارش معکوس
روز مرگ من
آغاز شد
درست لحظه تولدّم.

I have forgotten
my grudges and loves.
I have forgiven
my enemies.
I choose
to make no new friends.

کینه هایم را
فراموش کرده ام
عشق هایم را،
دشمنانم را
بخشوده ام،
دوست تازه ای بر نمی گزینم.

I am scared of heights.
I have fallen from a great height.
I am scared of fire.
I have been burnt many times.
I am scared of separation.
I have suffered a great deal.
I am not scared of death.
I have never died,
not even once.

از ارتفاع می ترسم
افتاده ام از بلندی،
از آتش می ترسم
سوخته ام به کرّات،
از جدایی می ترسم
رنجیده ام چه بسیار،
از مرگ نمی هراسم
نمرده ام هرگز،
حتّی یک بار.

A wind
not from the north
or south
or west
or east.
From Heaven.

بادی
نه از شمال
نه از جنوب
نه غرب
نه شرق
از عرش.

An excursion
among countless barren trees
is sufficient.

تفرّج
در انبوه درختان بی میوه
ما را بس.

Who can
guess
the taste of a cherry,
half yellow,
half red?

چه کسی می تواند
حدس بزند
مزهٔ گیلاسی را
که نیمی زرد است و
نیمی سرخ؟

On my ID card
is a photo
testifying
to the flight of time.

در شناسنامه ام
عکسی است
که گواهی می دهد
گذشت زمان را.

Among countless barren trees
I count
the years wasted.

در انبوه درختان بی میوه
شماره می کنم
سال های بیهودگی را.

One of my beliefs
today
is that life is beautiful.

از باورهای امروزم
یکی این که
زندگی زیباست.

One of my beliefs
today
is that God exists.

از باورهای امروزم
یکی این که
خدا هست.

I was concealing
my longing
among those who conceal.

دلتنگی ام را
پنهان می کردم
در جمع پنهان کاران.

The apple fell from the tree.
I thought
about the apple's gravity.

سیب از درخت افتاد
من
به جاذبهٔ سیب اندیشیدم.

I guess
the depth of the mirage
from the intensity of thirst.

حدس می زنم
عمق سراب را
از میزان تشنگی.

I guess
the durability of love
from the intensity of excitement.

حدس می‌زنم
دوام عشق را
از شدّت هیجان.

"When do you return?" I asked.
"Never," said she.
My watch stopped.

پرسیدم: کی برمی گردی
گفت: هیچ وقت،
ساعتم خوابید.

Today,
like every day,
was lost for me.
Half spent thinking about yesterday,
half about tomorrow.

امروزم
از دست رفت
چون هر روز
نیمی در اندیشهٔ دیروز
نیمی در اندیشهٔ فردا.

One of my beliefs
today
is that it is impossible
to separate me from my shadow.

از باورهای امروزم
این که
جدایی من و سایه ام
ممکن نیست.

In science class
a small nameless flower
was divided
into five parts,
each with a name.

در کلاس علم الأشیاء
یک گل کوچک بی نام
به پنج بخش تقسیم شد
هر بخش
با یک نام.

I have a meeting
with a new companion
on a path never taken.

قرار سفر دارم
با همسفری تازه
در راهی نرفته.

The sable
lay anxiously
on sable fur.
The hedgehog
lay calmly
on spines.

بر پوست سمور خوابید
سمور
با تشویش،
جوجه تیغی
بر تیغ
به آرامی.

Beyond good and evil
is a sky
of blue.

فراسوی نیک و بد
آسمانی است
آبی.

The wild flowers
do not yet know
that this road
has for years
been abandoned.

این جاده
سال هاست
متروک است،
هنوز نمی دانند
گل های وحشی خودرو.

Flight of rock doves
at daybreak.

پرواز کبوترهای چاهی
در سپیدهٔ صبح.

In my life
accidents
have been more influential than decisions,
punishments
than encouragements,
enemies
than friends.

در زندگی من
نقش تصادف
بیش از تصمیم
نقش تنبیه
بیش از تشویق
نقش دشمن
بیش از دوست.

Daybreak.
The thief
feels pity
for the sleeping policeman.

دزد
دل می سوزاند
برای پاسبان خواب آلود
در سپیدهٔ صبح.

Aroma from
odourless flowers.
Joys of youth.

از گل‌های کاغذی
بوی عطر به مشام می رسد،
ایّام شباب.

Searching for a word
my mind offered no help.
I went the wrong way
and became lost.

به دنبال یک کلمه می گشتم
ذهنم یاریم نکرد
به بیراهه رفتم
گم شدم.

Eventually
what remained
was me and myself.
Myself offended me.
No one came to make peace.

بلاخره
من ماندم و من،
من از من رنجیده است،
هیچ کس نیست
برای "پا در میانی".

On a dirt road
I saw a blind man
with no one to lead him
and without a walking stick.

در کوره راهی
کوری دیدم
بی عصا کش
بی عصا.

Life
is an unjust smear
against the downtrodden.

زندگی،
تهمت ناروایی است
بر بینوایان.

My days
remain unfinished.
Weeks and months.
At autumn's end
I review the spring.

روزهایم
ناتمام می ماند
هفته ها، ماه ها
در انتهای پاییزم و
بهار را دوره می کنم.

Grey men,
end to end,
restless,
at the memorial.

در مراسم ختم
مردان خاکستری
پریشان خاطر
گوش تا گوش.

Grey men,
end to end,
restless,
at the wedding.

در مراسم عقد
مردان خاکستری
پریشان خاطر
گوش تا گوش.

Reflection of daybreak
in a patch of water
at the bottom of the well.

انعکاس سپیدهٔ صبح
در اندک آب
ته چاه.

I spend
too much time
angry with myself.
Time is gold.
Gold is bitter.

گاهی، اوقاتم
از خودم تلخ می شود،
اوقات جمع وقت است
وقت طلا است
طلای تلخ.

I dreamed
I was relaxing
all alone,
surrounded by grey flowers
under indigo sky.

خواب دیدم
در باغی آرمیده ام
به تنهایی
با آسمانی کبود
و گل های خاکستری.

Thousands of times
have I travelled safely from
sunniest day
into darkest night.

هزاران بار
از آفتابی ترین روز
به تاریک ترین شب،
سفر کرده ام بی خطر.

Wind
has carried
my family tree
from a rootless plant.

شجره نامه ام را
باد به همراه آورده است
از بوته ای
بی ریشه.

I am
free of limitations.
Completely free.
For how long
will this freedom limit me?

از قـرار
آزادم
آزاد آزاد
تا کی در قید این آزادی
خواهم ماند؟

Exhaustion
comes not
from today and yesterday.
It is a legacy of my ancestors.

این خستگی
مال امروز و دیروز نیست
ارثی است
که از اعقابم رسیده است.

The word of my heart
flowed through my tongue.
It burnt her heart
and my tongue.

حرف دلم
بر زبانم جاری شد
دلش را سوزاند
و زبانم را.

Awaiting a friend
to make peace,
through the window
I contemplate
a vast landscape.

چشم انداز وسیعی را
نظاره می کنم
از پنجرهٔ اتاق
در انتظار دوستی
برای "حل اختلاف".

I toil.
No happiness.
No sadness.

سخت می کوشم
بی شادی
بی اندوه.

I close my ledger
as the four o'clock flowers
open.

دفترِ حساب و کتابم را
می‌بندم
به وقت باز شدن گل‌های لاله عبّاسی.

Two trout
asleep together
on a bed of white porcelain.

دو ماهی قزل آلا
خفته در کنار هم
در بستر سفید بشقاب.

The definition of love
in the dictionary of my life,
always changing.

در لغت نامهٔ زندگی من
معنی عشق
همواره متغیّر بود.

Midnight.
A masterpiece
recorded in my diary.
Sunrise.
Complete rubbish.

شاهکاری ثبت شد
بر دفتر روزانه ام
نیمه های شب،
آفتاب که بر آمد
اراجیفی بیش نبود.

To reach Heaven
one is obliged to pass through Hell.

برای رسیدن به بهشت
عبور از راه دوزخ

Body
in the dust.
Foot
in mud.
Heart
on fire.
All is lost.

تن
بر خاک
پای
در گل
دل
بر آتش
سر
بر باد.

Every night
I die.
At daybreak
I am born again.

هر شب
می میرم
و از نو متولد می شوم
هنگام طلوع.

The death
of eternal love
in a stopped heart.

مرگ عشقی جاودانه
در قلبی
ایستاده از تپش.

Sun
and moon shine
on a small pond
with two ducks.

در برکهٔ کوچکی
با دو مرغابی
هم خورشید می تابد،
هم ماه.

I stretch out
under the cruelty of the sun
in the shadow of the moon.

در زیر سایۀ ماه
آرمیده ام
از قساوت خورشید.

How best to stretch out
in the heavy shadow of a barren cypress?

به زیر سایهٔ سنگین سروی سترون
چه جای غنودن.

Bury
my heart separately.
How fragile
it is.

قلبم را
جداگانه
به خاک بسپارید،
شکستنی است.

I worry
that odourless blossoms
will become fragrant
when the fragrance of the rose
is gone.

من بیم آن دارم
شکوفه های کاغذی
عطر آگین شوند
وقتی گل محمدی
بی عطر و بی بوست.

To the intense cold of loneliness
comes the Hell
of my imagination,
which warms me up.

در خیالم
جهنّمی است
که مرا گرم می کند
در زمهریر تنهایی.

A tortuous path.
Moving through night and day,
through righteousness and evil,
good and bad,
silence,
turmoil,
hatred,
anger,
love.
Love.

چه راه دشواری است
گذر از شب، از روز
گذر از خیر، از شر
از نیک و بد
گذر از سکوت
از هیاهو
از نفرت
از خشم
از عشق
از عشق.

On a starless night
I go down a well
at the bottom of which
is a white flower
with five petals.

در شبی بی ستاره
به چاهی فرو می روم
که انتهایش
به گل سفیدی می رسد
پنج پر.

I worry
that Shirin's weeping goes
unheard
because of the sound of Farhad carving the mountain.

من بیم آن دارم
صدای گریه شیرین
به گوش نیاید
از هیاهوی تیشهٔ فرهاد.

I despise
words.
Bitter.
Sharp.
Proscriptive.
Sarcastic.
Talk to me
in sign language.

بیزارم از زبان
زبان تلخ
زبان تند
از زبان دستور
از زبان کنایه
با من
به زبان اشاره
سخن بگو.

I worry
that wild horses,
in fear of the wind,
will spend the night
in the sheepfold.

من بیم آن دارم
اسبان وحشی آزاد
از بیم باد
شب را به سر برند
در آغل گوسپندان.

I worry
that children will sell
silver coins,
tarnished by time,
for half price.

من بیم آن دارم
سکّه های سیم
در زیر پوشش زنگارهٔ زمان
آن را به نیم بها فروشند
کودکان.

To my ears
hungry sparrows in snow
sound the same
in spring.

به گوش من
آواز گنجشکان گرسنه در برف
همان است
که در بهار.

In darkest night
at the end of a blind alley
on the clay wall
blooms a jasmine.

در تاریک ترین شب
در انتهای کوچه ای بن بست
روی دیوار گلین
گل یاسی می شکفد.

A piece of dark cloud
rains down
upon the lone cypress
on a scorched hillside.

تکه ابر سیاه
می بارد
بر تنها درخت سرو
در دامنهٔ تپه ای سوخته.

Wind
swept through deserts
and narrow alleys.
Jasmine at the end of the blind alley
swept away.

باد
از دشت‌ها گذشت
از کوچه‌های باریک
انتهای یک بن‌بست
یاس‌ها را فرو ریخت.

In my imagination
is a tree
which at sunrise
is plundered
of all fruit.

در خیالم
درختی است
که میوه هایش
به غارت می رود
به هنگام طلوع آفتاب.

Hungry wolf
in the snow.
Sheep
asleep in the sheepfold.
Guard dog
at the door.

گرگی
گرسنه در برف
گوسپندان
خفته در آغل
سگ نگهبان
بر در.

I am trailed
by a shadow
that was my childhood comrade.
It grew up
with me.
It grew old
with me.
It trails me until death.

تحت تعقیبم
با سایه ای که در کودکی
همبازی من بود
با من بزرگ شد
با من خمیده شد
مرا تعقیب می کند
همچنان
تا گور.

Loneliness.
The result
of unconditional agreements
with myself.

تنهایی
نتیجه توافق‌های بی قید و شرط
من،
با خودم.

I am standing
atop.
Deep
in the valley
my shadow beckons.

ایستاده ام
بر بلندی
در قعر درّه
سایه ام
مرا فرا می خواند.

Published by Sticking Place Books

Lessons with Kiarostami
Edited by Paul Cronin

A Wolf on Watch (dual-language)
Poems by Abbas Kiarostami

With the Wind (dual-language)
Poems by Abbas Kiarostami

Wind and Leaf (dual-language)
Poems by Abbas Kiarostami

Wine (dual-language)
Poetry by Hafez
Selected and adapted by Abbas Kiarostami

Tears (two volumes) (dual-language)
Poetry by Saadi
Selected and adapted by Abbas Kiarostami

Water (dual-language)
Poetry by Nima
Selected and adapted by Abbas Kiarostami

Fire (four volumes) (dual-language)
Poetry by Rumi
Selected and adapted by Abbas Kiarostami

Night (two volumes) (dual-language)
Poetry from the Classical Persian Canon
Selected and adapted by Abbas Kiarostami

Night (two volumes) (dual-language)
Poetry from the Contemporary Persian Canon
Selected and adapted by Abbas Kiarostami

In the Shadow of Trees
The Collected Poetry of Abbas Kiarostami

www.ingramcontent.com/pod-product-compliance
Lightning Source LLC
Chambersburg PA
CBHW042100290426
44113CB00005B/102
9780990530886